Dados Internacionais de Catalogação na Publicação (CIP)

S232
Santana, Icaraí Daiane.
  Descoberto : sobre o amor e transmutações /
Icaraí DaianeSantana. – Goiânia: [s.n.], 2023.
  51 p. ; 15 cm.

  ISBN 978-85-471-0785-7
  1. Poemas de amor. 2. Erotismo. I. Título.

0623-05   CDD B869.1

Ficha catalográfica elaborada por Débora Soares Vicente
de Santana – Bibliotecária CRB-9/1914

Índice para catálogo sistemático:
1.Literatura brasileira: Poemas   B869.1

ÍNDICE

SOBRE O AMOR, MUITOS DIZERES E TANTOS (DIS)SABORES

Nunca sei por onde começar. Minha objetividade pode estragar qualquer romance. Qualquer tentativa de ser leve e descritiva, generosa com o leitor, me causa resistência. Me resta acolher esse *modus operandi* e escrever o que der na telha, como a emoção mandar. Talvez, de tanto exercitar, acabe por construir rodeios até chegar ao ponto. Parece que é justamente isso que ocorreu nessas últimas linhas. Em se tratando de meus poemas, são tão meus que parece ter validade só para mim. Sua beleza é como aquela pinta na vagina que ninguém vê. Não, não tenho pintas escondidas, que eu saiba. Cicatrizes, essas sim, existem. Invisíveis. Não fosse a premente necessidade de dar-lhes forma pintando, desenhando e poetando.

O hábito da leitura foi desenvolvido na adolescência, por influência da minha mãe Helani, espírita kardecista, com seus romances mediúnicos, além da inegável e deliciosa influência do clima intelectual e cultural da Escola Técnica Federal de Goiás (1995), local de radical mudança de sentido de vida. Gradativamente, ampliei a biblioteca, deixando os romances espiritas de lado. Nessa época entrei em contato com Fernando Sabino, Nelson Rodrigues, Ágatha Christie, Frederick Forsyth, Reich (Escuta, Zé Ninguém). Ainda não lia muita poesia, mas já curtia. Meu contato com a poesia ainda acontecia mais por meio da música, amigos poetas, coletâneas, uma poesia aqui, outra acolá.

O primeiro poema veio em sonho. Recitava com tanta calma! Achei tão incrível criar um poema que acordei e anotei imediatamente. Consegui. Nunca mais me esqueci dele. Guardei como uma pérola. Talvez em outro mundo fosse capaz de ser poeta. "É preciso desprender flores/ em terra fértil/ávida de amores/terra de ninguém/até que caiam as flores". Lá pelos anos 2000.

Depois disso escrevi por necessidade de angústia, muitas belas tristezas, menosprezadas por mim mesma. Um caderno cheio de escritos joguei fora, na tentativa de esquecer para sempre o segundo casamento, tormento, sofrimento. Depois, feridas lambidas, autodescoberta e formação.

Nesse período (10 anos) me dedicava inteiramente ao trabalho e à minha casa. Minha diversão, meu prazer, era ler, estudar e levar meus filhos Igor e Maria Pilar para atividades culturais. Ampliei o leque de autores consideravelmente, nesse tempo. Quando encarei Homero fiquei encantada. A "aurora de dedos róseos" marcou o nascer do sol na memória melodiosa de um grande portador do espírito grego. Não havia um nascer do sol em que eu, na autoestrada, dele não me lembrasse. Daí em diante, a poesia passou a fazer parte da minha vida. Busquei ler mais, ávida. Álvaro de Campos, Ricardo Reis e Caeiro, meus Pessoas preferidos. Hilda Hilst, Rilke, Blake, Manuel Bandeira. Apaixonada por esse senhor que fazia versos como quem morre. Amo esse poema, 'Desencanto'.

Sendo professora do ensino fundamental e educação infantil, além de mãe zelosa, entrei em contato com Cecília Meireles, Marina Colasanti, Mário de Andrade, Vinícius de Moraes (esse até então, só conhecia pela poesia na música), Cora Coralina, Patativa do Assaré, entre outros que aparecem muito nos livros didáticos, paradidáticos, além das publicações desses autores nas bibliotecas públicas e das escolas públicas – pouco utilizadas, infelizmente. E, agora, no momento que preparo esse livro, nosso prefeito Rogério Cruz (Goiânia), decidiu fechar as bibliotecas das escolas municipais. Cruz difícil de carregar! Também descobri que a dama misteriosa, Clarice Lispector, escreveu para crianças. Guimarães Rosa também! Apaixonada. Clarice leio em doses homeopáticas, para diminuir a chance de entrar em crise existencial. Rsrs

Participei de uma oficina de poesia visual no I Salão do Livro Infantil em Goiânia, 2002. Descobri um Titã na poesia concreta, Arnaldo Antunes, entre outros, que brincam com as letras, imagens, espaços, idéias e conosco. O poema concreto é muito democrático. Gosto da simplicidade, das "sacadas". Surpresa foi descobrir os *haicais*.

Admiro a cultura japonesa, especialmente as artes marciais. Até comecei a treinar ninjutsu, aikidô e, quando criança, fiz um ano de karatê. Mas o *haicai* veio pela pesquisa de koans budistas para trabalhar no meu estágio como arteterapeuta. Sabem como é. Achei um tal escrito de três versos, autoria de Matsuo Bashô, singelo, simples e belo. Era um *haicai*. Daí descobri que o Millôr, de quem já era fã, tinha um livro cheinho deles. Não gosto de muitas regras, muito parnasianismo me agonia, contar sílabas, classificar versos e rimas, credo! Chato. Gosto de livre pensar, sentir, sem muito cálculo ou reescrita. Em alguns poemas retorno mais ou menos, mudo, revejo, troco palavras, mas suave.

Ah, sim! Sou arteterapeuta. Há uma técnica de escrita automática que usamos em atendimento. Consiste em dar livre fluxo ao que vem à mente em um momento especifico da sessão. Daí para tornar esse escrito um poema ou prosa poética, é um pulo. Dá para transformar tranquilamente. Como já era metida a sonhar com poemas, fiz alguns em contexto de necessidade da alma, em contexto de terapia.

Esses que apresento agora foram fruto de tentativas de comunicação:

alegre, triste, queixosa, esperançosa, sonhadora, raivosa, tarada, etc. Contexto de vida cotidiana. Às vezes percebo o intrincado emaranhado dos outros comigo, todos os outros, inclusive os outros eus. Humildemente resgato alguns fios e tranço no centro do meu ser. Só assim posso vislumbrar, por momentos excepcionais, alguma unidade. Só assim para afirmar que é tudo um, tudo eu, o cabelo no ovo, o urubu com entojo, a aurora de dedos róseos, o luar solitário, o engasgo, atrapalho, mesmice e revolução, a liberdade atada ao dever, pequenas loucuras por não saber, mel com mostrada, a pinta na vagina. Espero que esses poemas toquem seus corações e corpos.

SUSPIRO DE FIM DE NOITE

Sobre o amor, esperava que fosse de verdade

Que pudesse ser cru

Acre e viscoso

Mel com mostarda.

Sobre o amor, pensei que fosse mentira

Improvisação de autopiedade

Pela solidão assombrante de si mesmo

"a gibeira e o jiló"

A graça de um boteco.

Sobre o amor, senti vontade de estar ausente,

Descrente

Desesperança raciocinada

Amor é metáfora em relação com o que
mesmo?
Sobre o amor, muitos dizeres,
Muitos dizeres.

GIVE LOVE

Enquanto a cabeça pende por sobre os
ombros
Logo, a respiração seu ritmo medra
Bola de fogo pressiona o peito
Sem escape que não seja uma lágrima,
A espelhar meus olhos na promessa dos
olhos teus,
Vislumbres mentais desse abençoado
confronto:
Suspeitas infundadas, medos irracionais
e desejos ardentes
Vontade de amar!
Guardada entre os dentes
E esse ardor vai se desfazendo

Só para voltar mais forte

Unido a um sorriso que mata a morte

Chama a vida, que clama

"one more chance, give love, give love, give love".

DELEITE I

Corre o dia ensolarado. Quantos desejos pujantes!

Estrela vespertina anuncia noite enluarada. Miríades de luzes.

Cupido certeiro, avanço decidida sobre tua timidez

Receio, ainda assim me atrevo

Nessa noite enluarada de estrelas fulgurantes

Contente, minha coragem marciana acena sobre o abismo

Tu respondes de frente com tua vontade.

Marte fortalece todos os guerreiros, sobretudo os do amor

Teu olhar desejoso, penetrante, o doce sorriso, tua voz suave, acolho com ternura

Para sempre, a primeira vez, de sagrado consciencioso deleite

Embora dia do sol, é Vênus que reina gloriosa, triunfante
Nessa noite enluarada de estrelas fulgurantes
Sob seu signo, vertemos água sagrada sobre teu altar.

ALETHEIA

Despida diante de ti. Desarmada. Escudos por terra caíram, eu plena e tua. Com a coragem de ser quem sou, nem mais, nem menos. Mulher, amante, *Arthemis* e *Atalanta*. Teu olhar misterioso faiscava. Que sentes? Impossível saber. Intuo uma amálgama de assombro, timidez, desejo e ternura. Esses momentos são tão incríveis que não se pensa. Estou comovida. Percebes que ainda está duplamente vestido. Céus! Que te fizeram, meu amor? É também tua coragem que te trouxe aqui. Seria a mim mesma que descrevo? Histórias. Entrementes, um desejo tão grande de amar! Acalmo-te. Te chamo à tranquilidade do meu querer, sabedora da tua vontade. Da nossa excelsa vontade de ser livre. Sabedores de que só se é livre pelo amor zeloso em excluir qualquer ato de posse. Teus olhos abrasaram-se tanto quanto transbordante foi teu desejo, Apolo, ao me descobrir sua Dafne. Fizestes as pazes com Eros e eis-me vertida, lânguida, calorosa, receptiva, sob teu carinhoso abraço. À disposição da tua força viril, gozo e gozo e gozo... mil vezes em segundos. Te torno O homem, de novo e de novo. Corpusculares descobertas, miríades de segredos, da nossa vida toda separados, juntos aqui. A sutilíssima história das emoções do Ser que nos tornamos. Operou-se um milagre no altar de Afrodite. Podemos descansar agora. Posso. No teu peito, recolho a paz dos buscadores. No teu abraço, a segurança de um bem querer simples, altaneiro. Ampara-nos Aletheia.

MEDITAÇÃO

Esse calor que me invade
Essa dor, qual cãibra ardente e pulsante,
Chama ardente de volúpia
Traz à lembrança o presente do teu corpo
E você está aqui. Seu cheiro. A maciez do teu cabelo.
Atento-me para respirar com cuidado
Preciso abafar os suspiros
Olhos impertinentes espreitam ao redor
Fecho os olhos, respiro e te vejo
Como quem medita passivamente, só
Rememorando a meditação ativa contigo
Isso é magia.

TRIGAL

Sonhando suprassensível
Lucidamente cultivando campos de trigo
Na vastidão dos Elísios, tua presença a
brisa anuncia
Qual aurora de dedos róseos brindando o
dia
Alegre contentamento exalta o peito
Enleio de anelos dadivosos
Próprios de doce calmaria
Ausente qualquer agonia de possessão.
Seu cheiro alimenta a promessa da tarde
amena
Ao fogão, um caldeirão bruxesco
Preparo de suculento repasto
À dança salamandras!
Línguas de fogo, minha beleza transluz.
A alma despida ainda mais o seduz
E então, nessa noite,
Sob o manto negro do céu estrelado,
Sou tua mulher e tu o meu homem

Galopando cavalo cacheado
A plenitude acolhe cada suspiro
Gemidos roucos entre plumas flutuantes
Aérea onipresença embriagante do menino Eros
Brincando nos jardins de Dioniso.

APOLO

Raios de sol fluidos rompem a solidão recalcitrante. Sua lira, Apolo, toca a melodiosa canção, roubando a Orfeu toda distinção, malgrado sua sina de orgulho desmedido, jactar-se de Eros, nunca ser cativo. Tu embriagas Dioniso e domesticas Pã. De fato, o tamanho é teu poder. Acordaste nos recônditos de minha alma imortal o teu reflexo, meu sol ungido. Foi a Luz inebriante, calma e transbordante, forte e energizante, que de ti vem. Assim, belo Apolo, se entardece no horizonte, teu sono vigio. Guardo-o com cânticos sagrados a

Morpheus. Que nos valha junto aos
Olimpianos e nos poupe de perturbantes
miragens, amor meu.

BATISMO

Encanto-me com o desconhecido, tanto quanto o temo. Estranhos somos e o que mais a coragem, o ímpeto de vida assoma ao movimento de chegada? Canta à minha alma, vibra, flameja, pulsa. Fogo. Numa percepção qualquer, atenta, "te imagino". Um tanto mais e "te vejo". Coragem circunspecta. *Afrodite Pandemos Urânia*, o seu nome louvo, primorosa. Naturalidade mal disfarçada de *filia* em consórcios pontuais, a voz interior não cala, sufoca, e – de pronto – jorram as palavras da fonte límpida. Na minha mente, as aéreas qualidades élficas no espelho d'água do coração, ofuscantes são os raios do sol. Quanta beleza! Quanta força! Excelso batismo. O Louco que mergulha no abismo.

EU NA SUA

```
S E E   U S O L
S E N S U A L
S U A
S U A
S U A
S E E U L U A
```

SOL

Sol, ser sua é
Estar Sol e Lua
Ser teu céu
Ser teu lar
Ser teu sal
A terra que enraízas
As entranhas que vitalizam
De ti, descobrir as flores
Anelos e esplendores
Para que ti vejas pleno
Lua e Sol

CARO AMIGO DESCONHECIDO

Atenta ao que olvidas, distraído de si

Em todo ou em parte

O simples possível, no instante mesmo

Da iniciante caminhada no destino

Pelos idos das vinte e uma primaveras

O marco temporal ou temporão,

Que há quem madura à força, mal sabe que existe

Dar-se conta de um marco de pedras

Demarcadas pelos forasteiros

Caminhos de migalhas de pão a redescobrir

A perder-se ou encontrar paragens há muito abandonadas

Dar-se conta do que mobiliza

Do que cativa, acolhe, ambiciona

Do que ampara, doa e abandona

Do que destrói, corrói e reconstrói

Atentar ao que olvidas, distraído de si

Traído pelo tempo, pelo canto do bem-te-vi,

Exaltado por guitarra cigana

Dançar até *la petite mort*

Carcomido o solado do sapato vermelho

Tão bem envernizado

Malgrado a alegria, prelúdio de muitas desgraças

Sempre há quem nela permaneça, às tuas custas

Dar-se conta de quem és,

Em quem confias, com quem andas

O que desejas, mas não tendes certeza

O que não queres, embora duvides

Que é limitado, mesmo não crendo

Mas que não o ouça de voz estranha,

Crianças mentem, enganam e manipulam.

Essas existem de todas as idades

Em todas as paragens.

O mundo está cheio de quem diz de ti

O que não pode confessar a si mesmo.

Antes confies nas cigarras;

Em hora certa da primavera, o frescor vem celebrar

As bestas feras não têm maldade

A bondade é privilégio humano,

Maldade, seu ônus, contraparte necessária.

Condenados a escolher;

Portanto, *sapere aude!*

Dar-se conta do que mobiliza

Do que cativa, ácolhe, ambiciona

Do que ampara, doa e abandona

Do que destrói, corrói e reconstrói

Atentar ao que olvidas, distraído de si,

Excursiona ao encontro da sombra, cavalheiro andante

Visita interiora terrae rectificando invenies occultam lapidem

IDIOTA

À espera da tua iniciativa
Adormeci, ouvindo Belchior
Para não entediar
Enraivecer
Entristecer,
Preferi sonhar
De lá, não faltaram maldições
Teóricas e práticas
Pelo meu eu bifurcado
Dois pontos altos e muitos vale-tudo
Saltam aos olhos,
Menos aos teus
Cego dos pés à cabeça
Antes fosse o príncipe *Míchkin*,
Mas é só um idiota qualquer
Que eu não seja como tu
Essa dignidade me é plausível, possível
Necessária, desejada
Urgente, prazerosa

“o tempo andou mexendo com a gente,
sim”

COMENTARIANDO

Mergulhando nas imagens
Na descrição de um estado d'alma
Quase se vê um rosto completo
Percebe-se um ser concreto
Na essência descoberto
Meu comentário vai se fazendo poema
Sem querer, quão profundo cava teu tecer
Teu escrito fecundante, atraente
Realidade imaginária de belezas díspares
Essa realidade paradoxal mais perplexa me deixa
Se fragmentos de mim observo amando em ti
Descubro-me, descubro-te e ainda te amo mesmo assim.

INTERVALO

Te amo, te amo, te amo tanto!
Quem é esse "te"?
Eu sou, o tanto é, esse outro é – os
homens
Sabes sobre isso?
Um dia, talvez
Neste momento, somente eu: eu tudo
abraço.
Por enquanto tu estás fora e
Um tanto dentro de mim, comigo
 Tu-eu, eu-tu

GRANDE MAR

Tão belo quanto ipês em flor
Quanto brilhantes maçãs carnudas
Dependuradas sobre o chão
É o enlevo com que miro
Teu rosto, teus olhos,
Profundamente cravados nos meus
Me lês? Que adivinhas?
Como desejo que percebas!
As águas límpidas ofertadas no meu
grande mar.

COMO QUISERES

Saudades
Saudades de você
Saudades de nós
Da nossa promessa
Tempos idos
De um coração bandido
O meu regenerado, caloroso
O teu, malgrado simpatia
Charco, perdido, maltratado
Consola-me gozar
Da arte do amor amigo
No intercâmbio com o que podes
compartir
Saudades de acariciar teus cabelos
Mas se no homem não te encanto
Não há motivo de pranto
Acolho-te como donzela, te cuido como
quiseres
Acolho-te como anciã, te guardo se
precisares

Acolho como quiseres, como precisares
Te amo
Que minha vida lhe seja útil
Meu sopro, minha fé, minhas artes
Todo meu amor verdadeiro
Como quiseres
Como precisares
Compreenda-me a saudade
Verdadeira e não contraditória
Pelo que, por força do corpo
Atitude me conforma
Ser generosa com qual aprouver
Dispor o que não quiseres
O que não precisares
E, talvez, um tanto do sonho
Que contigo sonhei.

SEM CERIMÔNIAS

Indômito avanço
Sem cerimônias
Sob olhares, esgares
Teu medo tímido
Comove-me
Chama um bálsamo de cura
Não encontras no calor dos meus lábios
Nas pontas úmidas e leves
Dos meus dedos sedentos do teu rosto,
Do teu peito, dos teus cabelos?
Desgraça a minha!
A maciez de um lugar seguro
Ofereci, sem cerimônias.
Teu medo, tua exigência, não suporta!
Teu amar sem querer;
Não disponível
Encoberto em carapaças de dor.
Recuo fragilizada
Distante, te vejo assim, assim
Tão como outrora estive!

Recuo mais
Me fiz compreensão
Retomei a fortaleza
Fincada ao chão
Com mais uma cruz
Que contigo carrego
Por amor,
Sem cerimônias, sem ostentação
Estarei ao teu lado
Durante e depois do teu calvário
E além...
Quando nascer de novo.

ACONTECE

Cansaço
enfado
mesmice
sem aventura
sem sabor
sem chão
sem amor
sem carinho
sem sexo
sem noção
por quê?
por quê?
por quê?
não acontece!
se nada falta
o que excede?
sincericídio
coragem de plenitude
tesão,
motivos mais?

fora do padrão
existem podres padrões, sim!
Inferno!
não me enquadro
não o desejo
com tristeza e indignação
fico a aguardar
um milagre de conexão
do outro lado
alguém que responda
sem padrão
sem medo
sem egoísmo
sem complicação.

NOSTALGIA

Sôfrega, contemplo tua imagem
Composta comigo
Teu pedacinho exterior
Gozamos beijos ternos
Carinhos sinceros
Aconchego, abraço
Enlaço
Descanso no teu regaço
Meus dedos, teus pelos anelam
Confundem-se as pernas
Desvio do teu hálito
Tão próximo estás,
Estarias.

AMANHECER

Poderia, jamais, esquecer a bendição
Ardor e aguadouros
Correntezas de águas frescas, cálidas
Qual diamantes ao sol, brilhantes,
Dispersão efusiva de frescores:
Cachoeiras
A bendição da vida
Ao som de amares, lagares, plantares
Esgarçado sorriso revejo
Pacificado, sincero e puro prazer
Na memória vivificada
De quanto pude,
De ti, conhecer.

ENCONTRO

Dou por mim, auscultando tuas defesas
Quase ouço seu pensamento. Quase!
Pressinto, longe ou perto...
Na tua presença, não me escapa
A surpresa agradável no teu olhar
A esquiva inoportuna de medo abissal
Sorrisos marotos de frescor hortelã
A mão desobediente toca a minha
Sem querer, de fato. Ato falho
Rio, satisfeita
Meu corpo responde inteiro
Ao furtivo, despretensioso, roçar de mãos
Gozo por antecipação
Percebes isso. Também vê.
Ri, satisfeito
Domas o medo e, então,
Comigo és
Por um momento mágico,
Feliz, sem ilusão.

Icaraí Daiane Santana.

Mestre em Educação pela Universidade Federal de Goiás/2014/UFG-Go. Especialista em Arteterapia–UNIPAZ/PUC-Go/2021. Graduanda em psicologia pela Universidade Salgado de Oliveira. Artista visual formada no curso técnico em artes visuais no Centro de Estudo e Pesquisa em Artes Basileu França/2021. Poetisa, mãe do Igor e da Pilar e mulher em metamorfose ambulante, sempre.

@idsantanaarteterapia

9 788854 710785 7